Impressum

© Autor: Syna Ester 2017

© Cover: Syna Ester

© Fotos: Syna Ester

Herstellung und Verlag:
BoD – Books on Demand, Norderstedt

ISBN-13: 978-37448874411

Poesie

und

Gedanken

von

Syna Ester

(c) Syna Ester   14. Mai 2017

4

Mit liebevollen,
doch manchmal auch mit
melancholischen Worten
hat Syna Ester
Gefühle in Poesie verwandelt.

Wieder widmet sie sich dem
Thema der Liebe.

Es sind die Sehnsüchte und
Hoffnungen der Menschen,
die an die Liebe glauben.

Glück

Laufe über Wiesen und freue dich des Lebens,

denn schöneres wird es auf Erden nicht geben

lausche dem Rauschen der Blätter im Wind,

freue dich des Lebens, gerade so, wie ein Kind.

Hörst du das plätschern der Wellen am Strand,

sie wollen dir sagen, nimm meine Hand;

wir wollen zusammen am Strand entlang laufen,

sind wir dann müde, unter Palmen verschnaufen.

Wir schauen verliebt dann zum Himmelszelt

und freuen uns, das wir beide auf dieser Welt;

was kann es denn sonst noch schöneres geben,

als mit dir, hier unten auf dieser Erde zu leben.

Später, wenn uns beide die Jahre ereilen,

geblieben ist uns nur, der Park zum verweilen;

im Schatten der Bäume steht sie, die kleine Bank,

dort werden wir sitzen und du nimmst meine Hand.

Wir waren so jung, als wir uns verliebt,

ich bin dankbar, dass es dich heute noch gibt;

wir hatten den Frühling, den Sommer, den Herbst,

ich habe noch viel mehr, denn ich habe dein Herz.

Schattenliebe

Schattenliebe, wer kennt sie nicht,
sie zeigt dir niemals ihr wahres
Gesicht;
sie kommt als Glück und endet im
Schmerz,
zurück bleibt immer, ein weinendes
Herz.

So war es mit dir, als du bist
gekommen
hast sanft mich an die Hand
genommen;
mit meinem Gefühl hast du nur
gespielt,
während ich es für wahre Liebe hielt.

Ich weine um dich, du siehst es nicht,
du wendest von mir ab, dein Gesicht;
war es dein Ziel, mich traurig zu
machen,
es ist dir geglückt, kannst über mich
lachen.

Ich habe verloren und bin jetzt allein,

doch Morgen bist du es, der bitter
weint;
denn was du gemacht, kommt zu dir
dann zurück,
sie wird mit dir spielen und nimmt dir
dein Glück.

Dann fühlst du wie ich, wirst einsam
sein,
du glaubtest an Liebe und bist dann
allein;
dann wirst du verstehen, was du einst
gemacht,
doch diesmal ist sie es, die über dich
lacht.

Schattenliebe, wer kennt sie nicht,
sie zeigt dir niemals ihr wahres
Gesicht;
sie kommt als Glück und endet im
Schmerz,
zurück bleibt heute dein weinendes
Herz.

Sehnsucht

Mandolinen erklingen, ganz hell durch die
Nacht,
du nahmst meine Hand, der Mond hielt die
Wacht;
das Meer rauschte leise, sang dazu ein Lied,
wir schauten uns an und hatten uns lieb.

Das Meer, ich höre es heute noch singen,
höre, wie die Mandolinen klingen;
der Mond ist dunkel, schwarz wie die Nacht,
denn du, hast dich aus dem Staub gemacht.

Du bist gegangen, nur Gott weiß wohin,
das Lied jener Nacht, geht mir nicht aus dem
Sinn;
so nah wir uns waren, so fern sind wir heute,
doch es gibt keine Sekunde, die ich je
bereute.

Es war ein Glück, für ganz kurze Zeit,
es ließ mich vergessen, die Einsamkeit;
schön war es, in deinen Armen zu liegen,
ach, wäre es so doch für immer geblieben.

Vergönnt blieb uns nur, diese eine Nacht.
als in uns beiden, die Liebe erwacht;
das ist vorbei, Aus, Ende und Schluss,
das letzte von dir, war ein Abschiedskuss.

Seitdem habe ich dich nicht mehr gesehen,
oh Gott, warum ließest du das geschehen;
ich bete zu dir, gib ihn mir zurück,
schenk mir noch einmal, ein kurzes Glück.

Mein bitten, es wird nicht erhört,
vielleicht hast du niemals, mir wirklich
gehört;
die Mandolinen waren es und das Meer,
die heute mir sagen, dich gibt es nicht mehr.

Dann bleibe ich allein und denke zurück,
an Stunden mir dir, dem vergangenen Glück;
nie mehr werde ich, einen Mann so lieben,
auch wenn mir nur, der Kummer geblieben.

Ein Herz voller Traurigkeit, das blieb zurück,
von einem liebevollen, ganz zartem Glück.

Flammen der Liebe

Ein endloses Feuer verbrennt mir mein
Herz,
du hast es entflammt und mit ihm den
Schmerz;
die Flammen der Liebe schürten die Glut,
doch du bist gegangen, dir fehlte der
Mut.

Du hast dich erschreckt, als du dich
verbrannt,
die Flammen der Liebe, hast du nie
gekannt;
sie lodern so hell und brennen so heiß,
doch das ist etwas, von dem du nichts
weißt.

Nun bist du gegangen und übtest
Verzicht,
doch nur, weil du kennst, die Liebe nicht;
lass diese Flammen wie einst nach dir
greifen,

denn nur mit ihnen, wirst du die Liebe begreifen.

Dein Verzicht ist sinnlos, dein Herz ist bei mir,
komm wieder zurück, so lang ich bin hier;
denn bin ich gegangen, ist alles zu spät,
dir bleibt nur dein Herz, das nach Liebe sich sehnt.

Wenn die Sonne deine Feder führt
und deine Seele sanft berührt
dann gehst du auf die große Reise
durchlebst nochmals auf andere
Weise
was lange hat in dir geschlummert
und brachte einstmals großen
Kummer
erwacht von Neuem, Stück für
Stück
verhindert, dass du träumst vom
Glück
Denn wenn der Sonne Feuer brennt
ein jeder auch die Schatten kennt

*...sie begleiten dich, ob du willst
oder nicht!*

15

Hoffnung

Ich sehe deine Augen, sie leuchten wie Sterne,
sie wollen mir sagen, ich habe dich gerne;
ich kann darin lesen, wie es um dich steht,
auch wenn du eigene Wege gehst.

Quäle dich nicht und komme zurück,
du hast gefunden dein gesuchtes Glück;
aber davon willst du nichts wissen,
du willst mich lieber, tagtäglich vermissen.

Was soll das Ganze, ich verstehe nicht,
schau mir nur einmal in mein Gesicht;
da kannst du sehen, wie lieb ich dich hab,
seit du mich einst in die Arme nahmst.

Du willst mich nicht sehen und denkst an mich,
weißt ganz genau, ich denke auch an dich;
durch dich sind wir beide nun wieder allein,
denn das was geschehen, das darf nicht sein.

Denk einmal noch an unsere Bande,
denn die Liebe ist doch keine Schande;
nimm dir ein kleines Stück vom Glück
und komme ganz einfach, nur zurück.

Dann leuchten auch meine Augen wieder,
blickst du von oben, dann zu mir nieder;
du suchst meinen Mund, um ihn erneut zu
küssen,
wie lange sollen wir beide, das noch vermissen?

Denn den Gedanken, der dich hat verschreckt,
vergiss ihn und stecke ihn schnell wieder weg;
er macht dich nicht glücklich, dein Herz sagt es
dir,
darum kehre um und komme zu mir.

Den Weg zu mir finden, musst du ganz allein,
ich kann nur noch warten und da für dich sein;
denn hast du begriffen, was ich dir will sagen,
dann ist die Zeit, einen neuen Anfang zu wagen.

Ich weiß, es wird kommen der Augenblick,
wo ich wieder schaue in dein Gesicht;
dann leuchten deine Augen wie Sterne,
sie wollen mir sagen, ich hab' dich gerne.

Sommernächte

Sommernächte
roter Wein
Grillen zirpen
im Mondenschein

Träumen vom Meer
von vergangener Zeit
das Meer ist fern
so unendlich weit

Den Duft von Jasmin
vergesse ich nie
den Mond
der so nah mir schien

Ich wollte ihn berühren
streckte meine Hand nach ihm aus
doch er wich zurück
und löschte das Licht der Sterne aus

Allein war ich
in dunkler Nacht
nochmals entzünden
den verlorenen Traum
ich schaffe es nicht
dazu fehlt mir die Kraft

In meinem Herzen
ganz tief und klein
befindet sich ein Kämmerlein
darin will ich bewahren
was einst ich geliebt

alles, was es für mich nicht mehr
gibt......

Rien ne va plus
nichts geht mehr
weder vor, noch zurück

Es ist nur ein Spiel, wie so vieles im
Leben
und doch, eines Tages wirst du den
letzten Cent dafür geben
Du willst gewinnen
und verlierst....wie immer
Einsam, allein in dunkler Nacht
du verstehst nun
das Spiel hatte die Macht
Es hielt dich gefangen, mit eisernem
Griff
das Schaukeln der Wellen
nicht gemacht, für ein sinkendes Schiff.

Wie ein Schiff ohne Hafen
in lausiger Nacht
bist du erst wieder
auf dem Meeresboden erwacht
Oder war es im Gras
zwischen Blumen und Klee
erwachen.....
tut manchmal
so unendlich weh

Rien ne va plus
nichts geht mehr

doch das Leben geht weiter.

Abendlied

Die Vögel zwitschern ihr Abendlied,
still ist es draußen, nichts geschieht;
alles ist friedlich, die Nacht bricht herein,
ach wärst du doch hier, wärst wieder mein.

Die Stimmen der Vögel, erklingen leise,
erzählen von Liebe, auf ihre Weise;
sie erinnern, wie einst es mit uns begann,
an jenen Tag, an dem fing alles an.

Es ist mir, als ob es gestern erst war,
als du mich in deine Arme nahmst;
die Vögel zwitscherten lustig und heiter,
ich dachte, es ginge für immer so weiter.

Von Liebe sie sangen, lange ist es her,
ich höre ihre Stimmen heute nicht mehr;
sie flogen davon, kamen niemals zurück,
mit ihnen verschwand mein einstiges Glück.

Sie kamen nie wieder um heiter zu singen,
nahmen dein Herz mit, auf ihren Schwingen;
nicht einer von ihnen kam jemals zurück,
um mir zu bringen, mein verlorenes Glück.

**Kein Vogel zwitschert sein Abendlied,
still ist es draußen, nichts geschieht;**

Sternenhimmel

Tausend Sterne die Nacht erhellen,
von Ferne ertönt das rauschen der Wellen;
sie erzählen von Freiheit, von Liebe und
Glück,
davon hätte ich gerne, ein ganz kleines
Stück.

Ich bin gefangen, an diesem Ort,
kenne die Sehnsucht und möchte fort;
weit über das Meer, zu den Sternen hin,
die Gedanken verdunkeln mir meinen Sinn.

Die Sterne sie rufen, komm zu mir her,
den Liebsten, den findest du nimmermehr;
er hat dich verlassen und ließ dich allein,
komm in den Himmel, da bist du daheim.

Doch will ich das alles, ich weiß es nicht,
ich schließe die Augen und sehe dein
Gesicht;
es lächelt mir zu, bleib hier auf Erden,
in deinen Träumen wirst du glücklich werden

Denn machst du zur Nacht deine Augen zu,
dann werde ich kommen und bring dir die
Ruh';
dann bist du auf Erden nicht länger allein,
ich werde für immer, da für dich sein.

Ich träume von dir, im dunkel der Nacht,
ach, wäre ich nie wieder aufgewacht;
dann schließe ich die Augen und sehe dein
Gesicht,
das zu mir sagt, ich soll bleiben, verlasse
mich nicht.

Du bist zwar gegangen und ich blieb allein,
ein Teil deines Herzen, das war einmal mein;
ich werde bleiben, bei dir hier auf Erden,
um in meinen Träumen glücklich zu werden.

Darum komm heute Nacht und halte mich
sanft,
so wie damals, als dein Herz zu mir fand;
dann sind wir zusammen, gib mir deine
Hand,
wie einst im Mai, als die Liebe ich fand.

Abendstunde

Die Nacht kann noch warten,

so hell strahlt die Sonne,
die Amsel sie zwitschert ihr Lied voller
Wonne;
ich schreite und lausche so vor mich hin,
als ein weiterer Vogel sein Lied beginnt.

Wie schön die frühe Abendstunde,
gar Balsam für manch' Seelenwunde;
vergessen, nur für eine kurze Stunde,
wenn ich drehe des Abends meine Runde.

Die Vögel sie singen, egal was geschieht,
ertappe mich dabei, wie leise ich singe mit;
den Duft der Blumen atme ich ein,
ach, könnte es doch immer so friedlich sein.

Himmelslicht

Hast du heute Nacht die Sterne gesehen,
sie leuchten so hell, als wäre nichts
geschehen:
sie funkeln und leuchten strahlend dich an,
nicht nur der Mond erliegt ihrem Bann.

Ich schaue hinauf zum Sternenzelt
vergesse dabei, den Kummer der Welt;
am Himmel ihr Licht, ganz hell erscheint
und mir ist dabei, als hätte ich nie geweint.

Die Sterne, sie haben meine Tränen
gesehen,
sie alle, konnten mich immer verstehen;
denn wenn es dunkel war um mich,
erhellten sie mich mit ihrem Licht.

Sie sind zwar hoch oben, weit fern von mir,
aber du bist es auch, bist nicht mehr bei mir;
so wie die Sterne, mir schenken ihr Licht,
weiß ich genau, du denkst auch an mich.

Dein Herz fühlte anders als einst dein
Verstand,
als du zu mir kamst und nahmst meine Hand;
auch du würdest gerne wieder bei mir sein,
dein Herz sagt ja, doch dein Verstand, der
sagt nein.

Wie kann ich dir sagen, ich liebe dich,
wenn du so weit fort bist, ich sehe dich nicht;
ich habe gewartet auf einen wie dich,
doch du bist gegangen, du willst mich nicht.

Höre auf dein Herz, komme einfach zurück,
denn du weißt genau, ich bin dein Glück;
wirf es nicht fort, nimm mir den Schmerz,
und bringe die Liebe wieder in mein Herz.

Tränen

Was gestern war liegt schon lange zurück,
ich sehne mich nach dem verlorenen Glück;
kommt es zurück, oder ging es für immer,
meine Sehnsucht nach dir, die vergeht
nimmer.

Ich fühle mich einsam, verlassen, allein,
spürst du es nicht, wie mein Herz um dich
weint;
noch einmal möchte ich im Arm dir liegen,
um zusammen mit dir zu den Wolken fliegen.

Ich hoffe vergebens, du bist nicht mehr hier,
ich spüre die Kälte, als ob ich erfrier;
ich wollte dich lieben, ganz nah bei dir sein,
doch du bist gegangen, heute bin ich allein.

Ich habe gewartet, mein Leben auf dich,
ich schließe die Augen, sehe dein Gesicht;
fühle deine Wärme, atme deinen Duft,
doch für dich, bin heute nur noch Luft.

Ich liebe dich, möchte bei dir sein,
aber ich weiß, du wirst nie mehr mein;
deine Arme um mich, unser erster Kuss,
ich soll es vergessen, du sagtest, ist Schluss.

Warum bist du einst zu mir gekommen
und hast mich in die Arme genommen;
du hast es getan und wolltest es nicht,
siehst du nicht die Tränen, auf meinem
Gesicht?

Ich kann nicht vergessen, du nahmst mir
mein Herz
und darin verborgen, liegt bitterer Schmerz;
nimm meine Hand, komme noch einmal
zurück,
damit ich wieder spüre unser einstiges
Glück.

Eiszeit

Eisige Zeit, Winterzeit
Nur Frost und Kälte weit und breit
Eisblumen vom Himmel fallen
so zart, so filigran und vergänglich
ein kleiner Tropfen, gefroren zu Eis
Winterzeit, alles ist weiß

Ein Eiskristall auf meiner Hand
ein einziger, den Weg zu mir fand
wie wunderbar, wie schön du bist
viel zu lange habe ich dich vermisst

Ich habe gewartet bei Tag und bei Nacht'
nun hat der Winter ein Wunder vollbracht
du bist gekommen, mir nah zu sein
kein Traum könnte schöner noch sein

Kleiner Kristall auf meiner Hand
ein einziger den Weg zu mir fand
dein glitzern verrät mir
nun bist du mein
ein Herz schlägt in dir
nur für mich allein

Darum,
liebe mich, als gäbe es kein Morgen.....

Eiszeit, Winterzeit, schöne Zeit!

Wenn Gedanken ihre Kreise ziehen...

Wenn Gedanken ihre Kreise ziehen,

kannst du ihnen nicht entfliehen;

sie treiben es oft gar zu bunt

und geistern dir im Kopf herum.

Mal fröhlich und auf leichte Weise,

dreh'n sie für dich, die Welt im Kreise;

dir schwindelt ob der Leichtigkeit

du bist beschwingt, zum Flug bereit.

Doch plötzlich, ohne dich zu mahnen,

da ändern sie halt ihre Bahnen;

sie kreisen hin und kreisen her

und machen dir das Leben schwer.

Gefühle fahren Achterbahn,

du fühlst dich wie in einem Wahn;

wo eben Licht und Heiterkeit,

steht nun die Dunkelheit bereit.

Verschwindet von hier, auf der Stell',

du willst, dass alles wieder hell;

durch dunkle Gassen musst du gehen,

um wieder neues Licht zu sehen.

Deine Worte von gestern...

Deine Worte von gestern; so wunderbar,
doch heute habe ich Zweifel, ob sie auch wahr;
ich möchte daran glauben, doch traue mich nicht,
hab' angst, dass meine Hoffnung wie Glas zerbricht.

Dein Gesicht, deine Worte, ich mag sie so sehr,
kann nichts daran machen, so sehr ich mich wehr;
du bist mir so fern, doch spüre ich dich täglich,
meine Sehnsucht nach dir manchmal unerträglich.

Wäre gerne bei dir, um dort zu verweilen,
einen kurzen Moment nur, dein Leben zu teilen;
doch das Schicksal hat es nicht vorgesehen,
wir werden uns bestimmt niemals sehen.
Die Träume von gestern, so schön sie auch waren;
ich muss sie heute, für immer begraben;
dein Bild im Herzen, mehr bleibt mir nicht,
hätte gern einmal gestreichelt dein liebes Gesicht.

Mach's gut mein Freund, ich denke an dich, ich
wünsche mir nur, du denkst auch an mich.

Dunkelheit

Die Dunkelheit hat mich einsam gemacht,
wie lange ist es her, dass ich habe gelacht;
das Sonnenlicht, ich sehe es nicht mehr,
mein Herz weint um dich, du fehlst mir so sehr.

Vor einem Jahr da ging es mir gut,
du ließest mich spüren der Liebe Glut;
hast mich liebkost, gehalten im Arm,
ich spüre dich noch heute, ganz zärtlich und
warm.

Wo bist du, ist deine streichelnde Hand,
wo ist dein Gefühl, das einst uns verband;
wie kannst du vergessen was damals war,
als du mich ganz sanft in die Arme nahmst.

Deine Gefühle für mich, sind sie vorbei,
bin ich dir wirklich, nur noch einerlei;
komme zu mir, schau mir ins Gesicht,
in meinen Augen erkennst du der Liebe Licht.

Ich warte auf dich, möchte bei dir sein;
doch alles vergebens, ich bin allein;
es ist wieder Mai und mein Herz ist schwer,
ich weine um dich, komm zurück zu mir.

Träume

War es ein Traum, oder ist es wahr,
das du bist gekommen vor einem Jahr;
ein Traum war es und weiter nichts,
aber noch heute, sehe ich dein Gesicht.

War es ein Traum, oder ist es wahr,
das ich einst glücklich in deinen Armen lag;
es war nur ein Traum und weiter nichts,
wie kommt es dann, dass ich dich vermiss?

War es ein Traum, oder ist es wahr,
als ich dich fühlte, bei mir, ganz nah;
es war nur ein Traum und weiter nichts,
als die Sehnsucht mir mein Herz zerriss.

War es ein Traum, oder ist es wahr,
denk ich an das, was mit uns geschah,
es war nur ein Traum und weiter nichts,
ich schließe die Augen und sehe dein
Gesicht.

Ein Traum aus Wolken kam über Nacht
und hat ein Feuer der Liebe entfacht;
die Träume die mit den Wolken kamen,
sie sind es, die dich fort von mir nahmen.

Ich schaue hinauf zum Himmelszelt
und mir ist, als wärst du am Ende der Welt;
ich schicke dir Wolken, egal wo du bist,
sie sollen dir sagen, dass ich dich vermiss.

Träumst du des Nachts vielleicht auch von
mir,
dann kommt eine Wolke, die sagt ich bin
hier;
ich werde für immer, ganz nah bei dir sein,
nimm meine Hand und du fühlst ich bin dein.

Die Träume aus Wolken sind gut für die
Nacht,
doch was ist geblieben, wenn der Tag
erwacht;
ich warte auf dich, hier unten auf Erden
und träume davon, mit dir glücklich zu
werden.

Tod der Blume

Eine kleine Blume, du gabst sie mir,
sie sollte mir sagen, ich bin bei dir;
eine einzige Blume, so zart und fein,
sollte mir sagen, ich bin für immer dein.

Die Blume verwelkte in meiner Hand,
gebrochen, unser gemeinsames Band;
den Tod der Blume hast du nicht gesehen,
ich bin allein, denn du musstest gehen.

Zu kurz war die Zeit, die uns beide verband,
noch halte ich die Blume in meiner Hand;
denn du warst es, der sie mir hat gegeben,
ich warte auf dich, doch leider vergebens.

Die Blume hat mir den Weg gezeigt,
nichts ist für immer, auf Ewigkeit;
die Blume verwelkte, als du bist gegangen,
mein Herz ist bei dir, für immer gefangen.

41

Sanfte Hände

Sanfte Hände Dich zärtlich berühren,

wollen heute, bei Nacht, Dich verführen;

kannst ihnen vertrauen, fürchte Dich nicht,

denn ihr streicheln, zeigt Dir wieder Licht.

Sie heben Dich aus der Dunkelheit,

lassen vergessen, vergangenes Leid;

tragen Dich fort, auf den Wellen des Glücks,

nicht für immer, nur ein ganz kleines Stück.

Drum lass' es geschehen und gib Dich hin,

denn alles im Leben, das hat seinen Sinn;

Du wirst erst erkennen, bist Du wieder
allein,

sehnst Dich nach den Händen, um die Du
geweint.

Was einmal gegangen, das kehrt nicht zurück,

Du wünscht Dir wieder, vergangenes Glück;

Doch glaube mir, für Dich kommt die Zeit,

dann wirst auch Du nie wieder einsam sein.

Sanfte Hände Dich zärtlich berühren,

wollen heute, bei Nacht, Dich verführen;

nimm sie als Geschenk und sei bereit,

für neue Liebe, nach vergangenem Leid.

Ein Traum...

Noch einmal lauschen, der Wellen Klang
wie einstmals, als am Ufer ich stand

Ein Meer ich fand
voller Musik
Sehnsucht
beschleicht mein Herz
denke ich zurück

Nur einmal noch, bevor es zu spät
möchte ich schweigend an deinem Ufern
stehn
in meinen Haaren, verspüren den Wind
geborgen mich fühlen, wie ein Kind

Ein Duft von Jasmin,
liegt in der Luft
betörend und süß,
wie ein heimlicher Kuss

Die Jahre vergangen
voller Verlangen
nach Wellen und Wogen
die zärtlich mich kosen

Salz auf den Lippen
der Wellen Gesang
deine Hand in der meinen
liegen am Strand

Ein Traum wird es bleiben
bis ans Ende der Zeit
das Meer, das ich liebe
unendlich weit........

Wenn eine Meerjungfrau weint,
trägt der Wind ihre Tränen als
Klagegesang durch die grünen Blätter
der Bäume zu Dir.

Lausche dem Gesang des Windes,
er erzählt Dir von Liebe und Leid,
 von Hoffnung und Verzweiflung,
von Trauer und Vergänglichkeit.

Es ist die Nacht der schwarzen Perlen...
sie umschließen die Traurigkeit,
die Hoffnungen und Sehnsüchte
der einsamen Herzen.

Für immer...

Wenn Sterne heute Nacht zum Tanze gehen,
sich mit den Engeln im Kreise drehen;
kannst Du sie sehen, ihr goldenes Kleid,
es leuchtet zur Erde, bald ist es so weit.

Das glitzern der Sterne in dunkler Nacht,
erfüllt den Himmel mit Leben und Pracht;
dann sei nicht traurig, bist Du auf Erden
allein,
irgendwann reihst Du Dich in den Reigen mit
ein.

Dann kannst Du lachen, tanzen und singen,
wenn Engelsharfen ganz sanft erklingen;
ein Sternlein nimmt Dich an die Hand,
Dir ist so, als ob Du es ewig gekannt.

Es lächelt Dir zu, Du hast jetzt erkannt,
ihr beide, ihr seid schon lange verwandt;
nichts geht verloren auf dieser Welt,
es findet sich wieder am Himmelszelt.

Der Duft von Jasmin...

Der Duft von Jasmin
in lauer Nacht'
über mir der Mond
er hält die Wacht

ein warmes Lüftchen
auf meiner Haut
Grillen zirpen
im grünen Kraut

die Menschen
sie schlafen
kein Haus hat noch Licht
ich höre ganz nah'
der Wellen Gischt

am Strand will ich schlafen
nur diese eine Nacht

der Mond und die Sterne
sie laden mich ein
ich schließe die Augen
geborgen unter dem Himmelszelt
mir ist als ob ich allein auf der Welt

Alles so fern
ich schlafe ein
am Strand
neben dem Zypressenhain

Der Duft von Jasmin
bestimmt meinen Traum

ich lebe und liebe...

Alles so fern
ich schlafe ein
am Strand
neben dem Zypressenhain

Der Duft von Jasmin
bestimmt meinen Traum

ich lebe und liebe...

Sehnsucht

Kleiner Vogel, sing' mir dein Lied,

lass mich wissen,

was in der Ferne geschieht;

hast du gesehen den Liebsten mein,

ich wünschte,

er könnte jetzt bei mir sein;

flieg kleiner Vogel,

weit über das Meer,

sende ihm Grüße,

das Herz ist mit schwer,

flieg kleiner Vogel,

ich lieb' ihn so sehr.

Von Liebe sprechen

vergiss es... sofort
denn Liebe
das ist mehr, als ein Wort
Liebe ist Freude und Leid zugleich
lieben, ist weder einfach noch leicht
Vergebens die Worte
wenn Taten fehlen
Gedanken darüber
die Herzen quälen
Liebe ist Himmel und Hölle in einem
es liegt nur an dir
wirst du lachen, wirst du weinen
Darum hüte die Worte
die Versprechen nicht halten
und lass' es nicht zu
dass Herzen erkalten

Hast du das alles gut bedacht
dann liebe, mit all' deiner Macht
denn was du wirst geben
es kehrt zurück

man nennt es.........
Schlüssel, zum eigenen Glück

Die kleine Elfe

Ich muss nun gehen
sie wieder zu sehen
die kleine Elfe
im grünen Gras

Sie wartet auf mich
tagaus, tagein,
ich bin glücklich
bei ihr zu sein.

Mit ihr kann ich reden
was mich bedrückt
Sie lächelt mir zu
ich verstehe dich

Ich weiß, kleine Elfe
darum bin ich hier
mein Herz dir zu öffnen
das fällt mir nicht schwer

Bei dir darf ich weinen
so sein wie ich bin
einmal ein Schelm
einmal ein Kind

Die kleine Elfe
sie schaut mich an
wir beide, sie sagt
gehen Hand in Hand

Darum muss ich gehen
wie jeden Tag
sie wartet auf mich
im grünen Gras...

Oh Mädchen, mein Mädchen

Oh Mädchen, mein Mädchen,
wie schön du bist;
gar lieblich ist dein Angesicht,
dein roter Mund, er lädt mich ein,
so manch einer fiel schon auf ihn herein.

Der Duft deiner Haut, mir den Atem
nimmt,
als wären wir füreinander bestimmt;
dein heiteres Lachen, vom Winde
getragen,
wo ist mein Mut, dich einmal zu fragen.

Du darfst dich mir nicht ewig verwehren;
ich will dich nicht länger heimlich
verehren;
schließe deine Augen, ich will dich
liebkosen,
hinter den Büschen bei den roten Rosen.

Das Mädchen folgte seinem Verlangen,
während seine Augen an ihren Lippen
hingen;
was er sich wünscht, das soll er
bekommen,
ich habe mir schon so viele genommen.

Der Mann ahnte nichts von seiner
Schmach,
als er im grünen Gras ihr zu Füßen lag;
vom Duft er betäubt die Rose pflückt,
doch brachte ihm diese leider kein
Glück.

Die Dornen der Rose hatte er vergessen,
als er von dem Mädchen total besessen;
was eben noch ihn hatte hoch erfreut,
er nun auf Immer und Ewig bereut.

Die Sichel des Mondes

So hell und klar am Firmament,
die Sichel des Mondes ein jeder kennt;
sie führt mich im Dunkel durch die
Nacht,
bevor in der Früh' der Tag erwacht.

Ich brauch nicht zu eilen, hab' Stunden
noch Zeit,
bevor es Tag wird, hab' ich mein Ziel
erreicht;
die dunklen Gassen sind menschenleer,
jeder Schritt den ich mache, unendlich
schwer.

Gedanken an damals, als ich noch ein
Kind,
in meinen Haaren spielte leise der Wind;
zwei alte Hände, die mich zärtlich
umfingen,
ein Herz, das mich liebte mit all' seinen
Sinnen.

Viel zu früh bist du von mir gegangen,
ich bin in meinem Kummer um dich
gefangen;
ein Schmerz der nie endet, obwohl Jahre
her,
mein Herz weint, ich vermisse dich so
sehr.

Ich bin wie ein Schiff, ohne Ruh' und
Rast,
habe nie mehr gefunden einen
Ankerplatz;
an vielen Planken bin ich fast zerschellt,
war nicht geschaffen für die Härte der
Welt.

Ich laufe allein durch die finstere Nacht
und nur die Sichel des Mondes hält
wacht;
ich bin nur ein Spatz im großen Getriebe,
alles was ich einst besessen, war deine
Liebe.

Sonnentag

Der Mai hat uns zusammen gebracht,
es kam ganz plötzlich, fast über Nacht;
du nahmst ganz zärtlich meine Hand,
das hatte in mir die Liebe entflammt.

Wie konnte es geschehen, ich weiß es nicht,
ich sehe noch heute dein liebes Gesicht;
es lächelt mir zu, ich lächle zurück,
wo ist nur geblieben, mein gestriges Glück?

Seitdem ist ein Jahr vergangen,
ein neuer Mai hat angefangen;
wie war ich noch glücklich, vor einem Jahr,
der Mai, er kam wieder, doch du,
du bist nicht mehr da.

Auch damals war es ein Sonnentag,
der zu mir hat, die Liebe gebracht;
nur heute, sehe ich die Sonne nicht,
denn Tränen verdunkeln das helle Licht.

Zu viele Tränen habe ich geweint,
du lässt mich allein in der Einsamkeit;
gebrochen hast du mir mein Herz,
komme zurück, nimm mir den Schmerz.

Lass alles noch einmal wie damals sein,
komm zu mir und sei wieder mein;
lass alles noch einmal wie damals sein,
mein Herz ruft nach dir, doch ich bin allein.

Poesie und Melodie

Wenn die Worte der Poesie wie Musik
erklingen,
auf Flügeln sich hoch zu den Wolken
schwingen;
dann ertönt eine Melodie, ganz zart und
leise,
denn jede Wolke singt sie auf ihre Weise.

Von Wolken getragen, ganz sanft und
leicht,
das Wort der Poesie unsere Sinne
erreicht;
sie gehen von nun an Hand in Hand
und knüpfen dabei ein goldenes Band.

Als weiße Wolken am Himmelszelt,
vom Wind getrieben rund um die Welt;
so ziehen sie dahin, die Worte der
Poesie,
eingebettet in eine sanfte, süße Melodie.

Seelenqual...

Griechenland, oh Griechenland
mein geliebtes Heimatland
Land meiner Väter
meiner Mutter Land.

Hier bin ich zu Hause
und doch voller Qual.
Einst mussten wir fliehen
an einen anderen Ort
zurück blieb ein Haus
von den Vätern erbaut.

Es gab kein zurück
voller Tränen mein Blick.

Ein steiniger Weg
über viele Jahre
getragen habe ich
die Eltern zu Grabe.

Griechenland, geliebtes Land
wo ich auch war
ich treu zu dir stand.

Die alte Kultur, der Götter Gaben
meine Seele beflügelt
schon in Jünglings Jahren.

Die Poesie meiner Seele
wie eine schmerzliche Melodie.

Mir bleibt nicht viel Zeit
dich, mein Griechenland
wieder blühend zu sehen.

Erbarmen ihr Götter
lasst es geschehen.

Griechenland, mein

Heimatland

die Poesie meiner Seele

uns immer verband.

Die Schönheit der Rose

Welch' lieblicher Duft am Wegesrand,
da sah ich sie, die Rose, so wunderschön;

komm' zu mir her, sie leise spricht,
ich sehe die Tränen in deinem Gesicht,
darum blühe ich heute nur für dich.

Ihre Worte so sanft, als ob sie ihn kennt,
den Schmerz, der in meinem Herzen brennt,

ich sah sie an, wie schön sie doch ist,
ich wollte lächeln, doch es gelang mir nicht,
erneut liefen Tränen über mein Gesicht.

Da sprach die Rose...du darfst nicht weinen,

ich weiß doch, du liebst nur den einen,
es wird alles gut, vertraue und schweige,
lass' mich nun zurück in den
Blütenzweigen.

@ Syna Ester

Eine Wahrheit,
die keine Wahrheit ist;
eine Lüge,
die Wahrheit ist;
sag mir,
was soll ich glauben.

Glauben,
nicht wissen was ist;
besser,
als Wahrheit,
die keine Wahrheit ist.

Was ist Wahrheit,
was ist Lüge,
indem ich mit Worten betrüge?

Es gibt keine Antwort
auf diese Fragen,
Worte können so vieles besagen.

Wahrheit oder Lüge
wer weiß es genau
Worte......

November-Bäume

Wie ähnlich sie mir sind. Auch ich bin ein November-Baum; geboren an irgendeinem Tag im November vor vielen Jahren.

November-Bäume sind stark. Müssen sie doch gleich zu Beginn ihres Lebens der kalten Natur trotzen um den kommenden Frühling zu erleben.

Viele Wechsel der Jahreszeiten folgten; mal trug ich grüne Blätter und dann wieder ragten sich meine kahlen Äste und Zweige in den Himmel.

Meine Wurzeln gaben mir die Kraft den Stürmen, der Kälte, dem eisigen Wind und dem Schnee stand zu halten.

Viele Jahre vergingen in diesem Wechselspiel.

Wieder einmal bin ich, wie am Tage meiner Geburt, ein November-Baum.

Kälte und Frost haben meine Zweige und

Äste fest im Griff; einige von ihnen habe
ich bereits verloren, sie waren nicht stark
genug, doch meine Wurzeln stecken
noch tief in der Erde.

Ich fühle mich nackt, den Naturgewalten
hilflos ausgeliefert. Meine Seele beginnt
zu frieren.
Ich will mich von dem Unbill abwenden,
will rennen, weit weg, doch meine
Wurzeln halten mich an diesem Fleck.
Noch einmal alle Kräfte mobilisieren;
noch einmal auf den Frühling hoffen.

Wenn meine Seele erfriert, sterben auch
meine Wurzeln und alles was von mir
bleibt,
ist ein toter November-Baum.....

so nackt wie am Tag meiner Geburt.

Was du auch tust

es ist mir egal

wenn du mir sagst
es war einmal
es ist mir egal

dein Schweigen
für mich eine Qual
es ist mir egal

nichts wird sich ändern
an meiner Liebe zu dir
sie bleibt in meinem Herzen
tief in mir verborgen
wie einen kostbaren Schatz
will ich sie bewahren
die Liebe zu dir
sie umhüllt mich
an frostigen Tagen

deine Augen
werde ich nie vergessen
dein Blick
der so vieles mir sagen kann
dein Mund
so sinnlich und sanft
deine Hand
die hielt mich ganz zart
dein nackter Körper
an meiner Haut
dein Duft
der mir die Sinne raubt.....

Gestern war es........

Braut des Windes.......

Nur ein Schleier umhüllte ihre liebliche
Figur als sie durch den heißen Sand
schritt. Leicht wie ein Vogel, ohne
Spuren zu hinterlassen, war ihr Gang
und das Ziel nicht mehr fern. Ab und an
spürte sie, dass der Weg nun nicht mehr
weit war. Eine sanfte Welle der Freude
durchströmte ihren Körper und ein
Lächeln lag in ihren dunklen Augen.
Wie lange hatte sie auf diesen Moment
gewartet....
Komm mein Geliebter, gehe mit mir
gemeinsam diesen Weg, der uns in
andere Welten tragen wird. Ihr Herz fing
heftig an zu schlagen und voller
Erwartung blieb sie stehen.

Sie lauschte in die Stille und spürte ihn
kommen. Ganz nah war er schon bei ihr
und umspielte ihren Körper mit seiner

Wärme. Mach weiter flüsterte sie und breitete ihre Arme weit aus. Doch, er war bereits wieder verschwunden. Dieses Spiel, sie hatten es schon so oft gespielt und dennoch konnte sie es nicht erwarten, dass er bei ihr blieb.

Lange konnte es nun nicht mehr dauern und sie verharrte regungslos auf der Stelle.

Mein Geliebter, wo bist du, spürst du nicht meine Sehnsucht, mein Verlangen nach deiner Zärtlichkeit?

Gerade, als sie weiter gehen wollte, verspürte sie wieder seine Nähe. Seine Wärme streifte ihren Nacken und ließ sie erschaudern. Ihr Mund war leicht geöffnet und sie schloss die Augen vor Lust. Wieder kam er sanft zurück, aber diesmal umhüllte er mit seinem heißen Atem ihren ganzen Körper. Die ganze Glut seines Ichs überzieht ihre zarte

Gestalt und sie spürte ihn bis in die Tiefen ihrer Weiblichkeit.

Er spielte sein Spiel und löschte sein Feuer an der Feuchtigkeit, die sich über ihren Körper gelegt hatte; doch nur, um ein neues Feuer zu entfachen. Wie er es liebte, wenn er sie so zitternd und bebend vor Erregung sah.

Er gehörte zu ihr und sie gehörte zu ihm. Sie vergaßen alles um sich herum und ließen ihrer Lust freien Lauf; einer Lust und Leidenschaft, die beide in andere Welten hob....Welten, die den meisten verborgen bleiben.

Winde gibt es viele,
aber nur, wer den Scirocco als Liebespartner hat, hat jemals wirklich geliebt.

Herbstliches......

Der Herbst mit seinen bunten Farben,
beschert noch manchen lauen Abend;
doch sind die Tage auch mal grau
und um das Gemüt ist dir ganz flau;
dann zieh dir an dein buntes Kleid,
gerade passend zu der Herbstzeit;
wie zum Tanz dreh' dich im Kreise,
die Blätter tun's auf ihre Weise;
du fühlst danach dich dann sogleich,
wie ein buntes Blatt so leicht;
die Farben tun der Seele gut,
im Tanz, da schöpfst du neuen Mut;
mit der Natur im Einklang sein,
lass Frieden in dein Herz hinein.

Der Freund....oder auch nicht

Wenn Männer in die Jahre kommen,
dann schauen sie ganz voller Wonnen,
den hübschen Frauen hinterher,
doch unten regt sich lang' nichts mehr.

Der kleine Freund, des Kampfes müde,
die Tage sind nun grau und trübe;
wie war er einst voll Tatendrang,
bis auch das Alter ihn bezwang.

Erinnerung, nichts ist geblieben,
ach könnte er noch einmal lieben;
der Gedanke macht ihn schwach,
im Kopf ist er doch noch hellwach.

Er will betören und verführen,
die zarte Haut ganz sanft berühren;
er will sie küssen und verwöhnen,
bis er dann hört ihr leises stöhnen.

Hör' auf zu träumen, alter Mann,
sie ist an dir vorbei gerannt;
hin zu dem starken, jungen Mann,
er gibt, was du ihr nie mehr geben kannst.

Der Weg

So hell und klar am Firmament,
die Sichel des Mondes ein jeder kennt;
sie führt mich im Dunkel durch die
Nacht,
bevor in der Früh' der Tag erwacht.

Ich brauch nicht zu eilen, hab' Stunden
noch Zeit,
bevor es Tag wird, hab' ich mein Ziel
erreicht;
die dunklen Gassen sind menschenleer,
jeder Schritt den ich mache, unendlich
schwer.

Gedanken an damals, als ich noch ein
Kind,
in meinen Haaren spielte leise der Wind;
zwei alte Hände, die mich zärtlich
umfingen,
ein Herz, das mich liebte mit all' seinen
Sinnen.

Viel zu früh bist du von mir gegangen,
ich bin in meinem Kummer um dich
gefangen;
ein Schmerz der nie endet, obwohl Jahre
her,
mein Herz weint, ich vermisse dich so
sehr.

Ich bin wie ein Schiff, ohne Ruh' und
Rast,
habe nie mehr gefunden einen
Ankerplatz;
an vielen Planken bin ich fast zerschellt,
war nicht geschaffen für die Härte der
Welt.

Ich laufe allein durch die finstere Nacht
und nur die Sichel des Mondes hält
wacht;
ich bin nur ein Spatz im großen Getriebe,
alles was ich einst besessen, war deine
Liebe.

Liebe

Die Liebe im Herzen, sie wird nie vergehen,
sie bleibt dort für immer, wird dort bestehen;
solange ich bleibe, hier unten auf Erden,
meine Liebe zur dir, wird niemals sterben.

Diesen Schatz, den ich einst habe gefunden,
ist es, der mich tröstet in düsteren Stunden;
ich denke daran, wie meine Liebe begann,
erinnert an dich, als du einst zu mir kamst.

Ein Jahr ist vergangen, ich kann nicht vergessen,
wie traurig mein Herz, kannst du nicht ermessen;
meine Gefühle für dich, waren ehrlich und rein,
aber heute weiß ich, du wirst nie wieder mein.

Ich habe dich geliebt, wie sonst keinen zuvor,
höre deine Stimme, habe sie noch immer im Ohr;
deine Gefühle für mich, waren andere als meine,
deshalb bin ich traurig, der Grund, dass ich weine.

Doch bin ich auch froh, dass ich dich gekannt
und du mich umarmt und nahmst meine Hand;
denke ich daran, spüre ich Freude und Glück,
auch wenn du niemals mehr, kommst zurück.

Des Vaters Heim

Nichts ist geblieben
aus alter Zeit
brennender Schmerz
im Herzen weilt
nur einmal wollte ich sehen
wie damals es war
von drinnen...
von außen sah ich
was mit ihm geschah
verfallen im laufe der Zeit
was einst, des Vaters Heim
hier war er glücklich
bevor er vertrieben
nichts war ihm von damals geblieben
mit leeren Händen
am fremden Ort
mit tränendem Herzen
alles ist fort
ich wollte einmal nur sehen
wie er hat gelebt

doch alles ist vom Schicksal verweht.

Leben

Der blaue Himmel und Sonnenschein,
die laden heute, zum Spaziergang ein;
oder zu sitzen, draußen beim Essen,
für ein paar Stunden, den Alltag vergessen.

Auf einer Wiese, mit einer Decke,
wo einer den anderen scherzhaft necke;
zum fröhlich sein, in kleiner Runde,
und einmal genießen, jede Stunde.

In einem Boot, auf den See hinaus fahren,
einen Sprung in die kühlen Wellen wagen;
danach wird gegrillt, an einem Strand,
der Abend kommt, du nimmst meine Hand.

Es ist nur ein Traum, den ich habe geträumt,
denn ich bin alleine, habe vieles versäumt;
diese Dinge würde ich gerne machen
und wieder einmal von Herzen lachen.

Doch wenn man allein und niemand dabei,
wird auch das Schöne, irgendwann einerlei;
ich gehe nach Hause, schließe mich ein
und weiß, ich werde wieder einsam sein.

Die Jahre vergingen, ich träumte vom Leben,
ach, hätte es dich doch für immer gegeben;
das Schicksal hatte sich anders entschieden,
heute sind nicht einmal, die Träume
geblieben.

Denn einmal, da hattest du mir gesagt,
alleine, macht doch alles keinen Spaß;
du hattest Recht, doch was soll ich machen,
um einmal wieder von Herzen zu lachen.

Komme doch zurück und sei wieder mein,
dann werde ich nicht mehr einsam sein;
mit dir kann ich lachen, fühle mich gut,
komme einfach zu mir, nimm dir den Mut.

Das einsame Grab

Ein einsames Grab
am Wegesrand
keine Blumen darauf
von liebender Hand
wer mag dort wohl ruhen
in Einsamkeit
keine Seele, kein Mensch
weit und breit
oft ging ich vorbei
sah nicht weiter dort hin
ein Grab nur
aus uralter Zeit
doch dann kam der Winter
mit Schnee und mit Eis
ich blieb stehen
um nach dem Grab zu sehen
das Kreuz
das einst oben drauf stand
jetzt liegt es daneben
hielt den Stürmen nicht stand

Du bist wie ich
dachte ich bei mir
ich setze mich zu dir
     warte.......bis meine Seele erfriert.

Eisblumenzeit

Eisblumen die Fenster säumen
eisige Kälte in allen Räumen
Väterchen Frost hat zugeschlagen
so war es damals, in Kindertagen

Wir rückten zusammen
uns Wärme zu geben
es war ein hartes
aber schönes Leben

Die Wärme der Herzen
ein glühendes Feuer
die Kälte von Außen
kein Ungeheuer

Heute sind die Räume warm
die Kälte bleibt draußen
doch die Menschen sind arm

Sie kennen nicht mehr
die Eisblumenzeit
die Wärme der Herzen
vorbei für immer

Die Nacht ist vorbei

es ist einerlei
ich bin erwacht
die Kälte sie lacht
der Herbst ist gekommen
hat alles genommen
die Rosen verblüht
die Liebe verglüht
das Ende in Sicht
leicht ist es nicht

zu wissen, du gehst allein.

Frühling

Zarter Hauch
einer Frühlingsnacht
Sterne funkeln
am Himmelsdach
das Meer rauscht leise
es niemals verstummt
mein Herz in Flammen
es ruft deinen Namen
doch mein Mund ist stumm
feiner Sand rieselt
über meine Haut
der Wind
er spielt mit meinem Haar
lässt mich fühlen
wie schön es gestern noch war
du warst mir so nah
und fern zugleich

meine Liebe schickte ich
mit den Wolken zu dir
voller Hoffnung
und Sehnen
voller Tränen und Pein
die Tage vergehen
lang' ist es her
die Hoffnung vorbei
es gibt dich nicht mehr
Der Duft des Frühlings
berührt mich nicht mehr
gestern....so weit.....
mein Herz ist leer.

Frost

Der Herbst vollbracht
vorbei die Pracht
die Krähen krächzen
auf leeren Ästen
ich muss weiter
der Sonne entgegen
kann sie nicht sehen
auf meinen Wegen
der Nebel so grau, versperrt mir die Sicht
ich gehe weiter, es kümmert mich nicht
nichts hält mich hier
an diesem dunklen Ort
immer weiter
ich muss fort
doch bin ich am Ziel
wo das Licht mir erscheint
es sich erneut
als Trugschluss erweist
eine Fata Morgana
weiter nichts

sie lacht mich aus
verschließe die Ohren
mit beiden Händen
es gibt kein entkommen
das Lachen,
noch von weitem vernommen
es brennt mir im Herzen
macht unsagbare Schmerzen
die Krähen krächzen
warte, bald
wenn kommt die eisige Zeit
dann bist du am Ziel
bist angekommen
der Frost deckt dich zu
für ewige Ruh'.

Warten...

Süße Geliebte, so fern von mir
ich wünsche mir, du wärst wieder hier
Arm in Arm wieder spazieren gehen
es ist als ob die Zeit sie blieb stehen
ich denke daran wie es begann
als ich dich in meine Arme nahm
ein Sommertag, so schön und warm
als wir beide gingen Arm in Arm
für kurze Zeit, dann musstest du gehen
ich wusste, ich würde dich wiedersehen
meine süße Liebe, mein Himmel auf
Erden
wann wirst du wieder die Meine werden
so warte ich voller Sehnsucht jeden Tag
auf das Schiff, dass dich mir im Sommer
gebracht
deine Worte, ich liebe dich so sehr, auf
dem Papier
du bist so süß, ich vermisse dich sehr
ich denke immerzu daran,
wann ich dich wieder sehen kann

Meine süße Liebe, mein ganzes Glück
wann kommt ein Schiff und bringt dich
zurück
mein Herz ist bei dir, seit ich dich fand
komm wieder zurück, ich reiche dir die
Hand
wir gehen wie damals am Wasser entlang
trinken Kaffee und halten den Atem an
nur du und ich auf dieser Welt
an einem Ort, der uns beiden gefällt
was kann es sonst noch schöneres geben
als hier mit dir in Liebe zu leben

So muss ich wartend am Hafen
stehen......

Ein einziger Stern

Ein einziger Stern die Nacht erhellt,
er schaut hernieder auf diese Welt;
was er wohl denkt, das frag ich mich,
sieht er hier unten gar mein Licht?

Ich schaue hinauf, er lächelt mich an,
„komm", sagt er zu mir, nimm meine Hand;
von hier oben siehst du alles mit anderen
Augen,
du kannst mir vertrauen, musst nur an mich
glauben.

Ach lieber Stern, hast du nicht gesehen,
was vor kurzem auf Erden geschehen;
wie soll ich da glauben und vertrauen,
beides kann ich auf Sand nur noch bauen.

Bleib einfach am Himmel und leuchte für mich,
ich stehe im Dunkel, meine Tränen siehst du
nicht;
wenn einst der Tag kommt, nimm meine Hand
und knüpfe mit mir ein goldenes Band.

Ewigkeit

Hinter den Bäumen, groß und grün,
kann man die Sichel des Mondes seh'n;
sein warmes Licht die Nacht erhellt,
er scheint für alle auf dieser Welt.

Doch heute Nacht, er zwinkerte mir,
gehört mein Licht allein nur dir;
du denkst an den Liebsten, der so fern
von hier,
mein Licht soll dir sagen, er wäre gerne
bei dir.

Drum geh zur Ruh und träume sanft,
der Mond hat geknüpft euer goldenes
Band;
der Liebste wird kommen, bald ist es so
weit,
er nimmt deine Hand für die Ewigkeit.

Kleine Krokusse

Ich sah sie heute, ganz zart und klein,
sie schimmerten blau im Sonnenschein;
nur ihre Köpfchen schauten aus dem grün
hervor,
sie stimmten ein Lied an, das drang an mein
Ohr.

So zart wie sie selbst, war auch ihr Gesang,
sie sangen vom Frühling, der zurückkehrt
in's Land;
ich lauschte verzückt, vom Anblick
gefangen,
wie gut, dass ich heute diesen Weg bin
gegangen.

Ich konnte vergessen, für einen Moment,
den Schmerz, der auf der Seele mir brennt;
ihr kleinen Freunde, ich danke euch sehr,
ich durfte euch sehen, was will ich noch
mehr.

Manchmal...

Manchmal lausche ich einem Kinderlachen und
freue mich darüber

Manchmal lausche ich den Stimmen der Alten
und Wehmut erfasst mich

Manchmal lausche ich dem Wind und drehe
mich im Kreise

Manchmal schaue ich hinauf zu den Sternen
und versuche Dich zu erblicken

Manchmal wärme ich mich am strahlenden
Sonnenlicht

Manchmal tanze ich im Regen und spüle die
Sorgen fort

Manchmal schaue ich alte Fotos und Reise in
die Vergangenheit

Manchmal lausche ich in mich
.....und die Stille schmerzt.

*O*h Mädchen, mein Mädchen...

Oh Mädchen, mein Mädchen,
wie schön du bist;
gar lieblich ist dein Angesicht,
dein roter Mund, er lädt mich ein,
so manch einer fiel schon auf ihn herein.

Der Duft deiner Haut, mir den Atem nimmt,
als wären wir füreinander bestimmt;
dein heiteres Lachen, vom Winde getragen,
wo ist mein Mut, dich einmal zu fragen.

Du darfst dich mir nicht ewig verwehren;
ich will dich nicht länger heimlich verehren;
schließe deine Augen, ich will dich
liebkosen,
hinter den Büschen bei den roten Rosen.

Das Mädchen folgte seinem Verlangen,
während seine Augen an ihren Lippen
hingen;
was er sich wünscht, das soll er
bekommen,
ich habe mir schon so viele genommen.

Der Mann ahnte nichts von seiner
Schmach,
als er im grünen Gras ihr zu Füßen lag;
vom Duft er betäubt die Rose pflückt,
doch brachte ihm diese leider kein
Glück.

Die Dornen der Rose hatte er vergessen,
als er von dem Mädchen total besessen;
was eben noch ihn hatte hoch erfreut,
er nun auf Immer und Ewig bereut.

Gestern

Frei wie ein Vogel, am Himmel schweben,
die Stunden mit dir, noch einmal erleben;
dich spüren wie gestern, ganz nah bei mir,
ich kann dich fühlen, als wärst du noch hier.

Ich würde gerne schweben, ein Leben lang,
es könnte gelingen, reichtest du mir die Hand;
doch du hast vergessen, die schönen Stunden,
die einst uns haben, miteinander verbunden.

Erwacht der Morgen, erwacht auch mein Leid,
es gibt sie nicht mehr, unsere Zweisamkeit;
ich würde gerne zu den Wolken schweben
und alles mit dir, nur noch einmal erleben.

Bei Tag und bei Nacht, denke ich nur an dich
und musste erkennen, du liebtest mich nicht;
was mir nicht gelingt, ist dich zu vergessen,
dabei habe ich dein Herz, doch niemals
besessen.

@ Syna Ester

Vergangenheit

Hast du vergessen, was einst geschah,
als du mich in deine Arme nahmst;
umschlungen hast du mich ganz fest,
ich glaubte, für meines Lebens Rest.

So wollt ich für immer, im Arm dir liegen,
ich glaubte, deine Liebe sie würde siegen;
ich war glücklich, mit dir ganz allein
und hoffte, es würde für immer so sein.

Doch ernst hast du es nicht gemeint,
zu viele Tränen habe ich um dich geweint;
sie rührten dich nicht, du bist gegangen,
mein Herz nahmst du mit, es ist gefangen.

Ich meinte es ehrlich und gab dir mein Herz,
für mich blieb allein, nur bitterer Schmerz;
wie kannst du heute lachen und fröhlich sein,
wenn du weißt, das ich um dich wein.

Auch du kennst den Schmerz, bliebst einst
allein,
als du einmal dachtest, es würde für Ewig
sein;
wie es dir damals ging, denk einmal zurück,
man spielt nicht, mit der Liebe Glück.

Wenn es ist zu spät, wirst du einst erkennen,
ich konnte die Dinge beim Namen nennen;
denn Unrecht Gut, gedeiht nicht gut
und dem dich zu stellen, fehlt dir der Mut.

Darum denke beim nächsten Mal daran,
wie es mit uns dereinst begann;
was du nicht empfindest, das gib nicht vor,
sonst bist du am Ende, ein einsamer Tor.

Die Sichel des Mondes

So hell und klar am Firmament,
die Sichel des Mondes ein jeder kennt;
sie führt mich im Dunkel durch die Nacht,
bevor in der Früh' der Tag erwacht.

Ich brauch nicht zu eilen, hab' Stunden noch
Zeit,
bevor es Tag wird, hab' ich mein Ziel
erreicht;
die dunklen Gassen sind menschenleer,
jeder Schritt den ich mache, unendlich
schwer.

Gedanken an damals, als ich noch ein Kind,
in meinen Haaren spielte leise der Wind;
zwei alte Hände, die mich zärtlich umfingen,
ein Herz, das mich liebte mit all' seinen
Sinnen.

Viel zu früh bist du von mir gegangen,
ich bin in meinem Kummer um dich
gefangen;
ein Schmerz der nie endet, obwohl Jahre her,
mein Herz weint, ich vermisse dich so sehr.

Ich bin wie ein Schiff, ohne Ruh' und Rast,
habe nie mehr gefunden einen Ankerplatz;
an vielen Planken bin ich fast zerschellt,
war nicht geschaffen für die Härte der Welt.

Ich laufe allein durch die finstere Nacht
und nur die Sichel des Mondes hält wacht;
ich bin nur ein Spatz im großen Getriebe,
alles was ich einst besessen, war deine
Liebe.

Kälte

Diese Seite an dir, die kannte ich nicht,
heute erkenne ich dein wahres Gesicht;
du lächelst und versteckst das Dunkel,
während deine Augen so lieblich funkeln.

Jeder soll denken, wie freundlich du bist,
doch du versteckst nur dein dunkles Gesicht;
du blendest jeden mit deiner Freundlichkeit,
doch was dahinter steckt, hältst du geheim.

Denn die eisige Kälte, die in dir steckt,
lernte ich kennen, sie hat mich erschreckt;
ich glaubte deinen Worten und deinem Kuss,
du lächeltest, als du sagtest, es ist Schluss.

Deine Masche, ich bin so verlegen,
als Taktik kommt sie dir gut gelegen;
ich fiel darauf rein, doch glaube nicht,
 ich hätte nicht erkannt, dein wahres Gesicht.

Zu spät für mich, ich war verliebt,
ich war so froh, dass es dich gibt;
doch heute, nach Wochen des Leid,
habe ich erkannt, dass ging zu weit.

Wie konnte ich nur an einen wie dich geraten,
denn du bist wahrhaftig ein Teufelsbraten;
du hast es gar faustdick hinter den Ohren,
warum hatte ich dich, mir nur auserkoren?

Ich war ehrlich zu dir, das war der Grund,
doch du hast mich behandelt, wie einen Hund;
dein Verhalten war schäbig, verletzend, gemein,
es wird eine kommen, die zahlt es dir heim.

Wenn du dann noch kannst, dann lächele weiter,
das Spiel mit mir, stimmte dich doch so heiter;
auf Kosten anderer, da hast du gut lachen,
doch was ist, wenn andere es mit dir so
machen?

Dein letztes Spiel wirst du nicht gewinnen,
das Schicksal wird dich, in die Knie zwingen;
bist du dann verbittert, dann denke einmal nach,
du hast nur bekommen, was du einst gemacht.

Ich sehe, du lächelst und glaubst mir nicht,
es gibt viele auf Erden mit zweitem Gesicht;
sie täuschen dich mit Worten und Küssen,
aber jeder wird einmal dafür büßen müssen.

Pusteblume

wie schön du bist
aus tausend Sternen
dein Gesicht
du trotzt dem Wind
den der Frühling bringt
wiegst dich dazu
mal hin und mal her
ein Glückskind
aus einem Sternenmeer
ich sah dich an
nahm dich in die Hand
und fing ein zartes pusten an

was willst du von mir das Blümlein fragt
und schaute traurig einem kleinen
Sternlein nach
es flog davon, ganz hoch hinaus
ohne dein pusten, wäre es noch zu Haus

Oh, schöne Blume
ich kann dich verstehen
doch, lass es zu
dass Dinge geschehen
du bist erblüht
dich zu vermehren
dagegen kannst auch du dich nicht
wehren

deine Sternlein fliegen über Berg und Tal
und im nächsten Frühling erblühst du
über hundertmal

Pusteblume, schönes Kind
lass deine Sterne fliegen im
Frühlingswind.

Sommerliebe

Deine Augen, voller Sehnsucht nach Glück,
wie lange ist es her, dass du hast geliebt;
der Sommer so nah und du bist allein,
roter Mohn leuchtet im Sonnenschein.

Die Wärme des Windes, sie hüllt dich ein,
erzählt von Liebe, von rotem Wein;
ein Mund so nah, zum küssen bereit,
nur Träume....die Liebste ist weit.

Diesen Sommer möchtest du glücklich sein,
lieben und lachen im Mondenschein;
die Nächte verbringen im warmen Sand
und träumen mit ihr, Hand in Hand.

Geh' deinen Weg und du wirst sehen,
für Liebende können Wunder geschehen.

Sanfte Hände

Sanfte Hände Dich zärtlich berühren,
wollen heute, bei Nacht, Dich verführen;
kannst ihnen vertrauen, fürchte Dich nicht,
denn ihr streicheln, zeigt Dir wieder Licht.

Sie heben Dich aus der Dunkelheit,
lassen vergessen, vergangenes Leid;
tragen Dich fort, auf den Wellen des Glücks,
nicht für immer, nur ein ganz kleines Stück.

Drum lass' es geschehen und gib Dich hin,
denn alles im Leben, das hat seinen Sinn;
Du wirst erst erkennen, bist Du wieder allein,
sehnst Dich nach den Händen, um die Du
geweint.
Was einmal gegangen, das kehrt nicht zurück,
Du wünscht Dir wieder, vergangenes Glück;
Doch glaube mir, für Dich kommt die Zeit,
dann wirst auch Du nie wieder einsam sein.

Sanfte Hände Dich zärtlich berühren,
wollen heute, bei Nacht, Dich verführen;
nimm sie als Geschenk und sei bereit,für neue
Liebe, nach vergangenem Leid.

Verlorene Träume

Gestern noch, ich träumte vom Leben,
mit dir zusammen auf Wolken zu schweben;
doch gestern war gestern, ist heute vorbei,
zurück ist geblieben, ein Herz voller Leid.

Der Herbst nahm die Hoffnung auf ewiges
Glück,
der Zeiger der Zeit dreht sich niemals
zurück;
ich fühle die Kälte, die mich heute umarmt,
dem Herbst folgt der Winter, mir wird nie
mehr warm.

Das Ende des Lebens, es hat begonnen,
wo sind die Jahre, voller Liebe und Wonnen?
Es gab sie nie und wird sie nie geben,
denn auch für mich gibt es nur, dieses eine
Leben.

Karneval

Vergangenes, was in dir schmerzt,
noch voller Sehnsucht ist dein Herz;
du willst vergessen, kannst es nicht,
Tränen verdunkeln dir die Sicht.

Was einst du geliebt, du musst vergessen,
vielleicht hast du niemals ihr Herz besessen;
sie ist gegangen, nun fernab von dir,
du wünscht sie noch heute, ganz nah bei dir.

Vielleicht ist das alles nur Träumerei,
in Wirklichkeit seid ihr glücklich vereint;
die Maske weint, mehr seh' ich nicht,
dahinter vielleicht dein glücklich' Gesicht?

Ein Karneval, mehr ist es nicht,
verborgen bleibt mir dein Gesicht;
ich mag nicht spielen, das liegt mir nicht,
drum zeige ich allen mein wahres Gesicht.

Wenn Engel tanzen...

Wenn Engel tanzen am Himmelszelt,
dann senden sie Sterne auf diese Welt;
sie leuchten so hell um uns zu blinken,
dass wir den Weg nach Hause finden.

Denn ohne ihr tanzen wäre die Welt im Dunkel,
kein Sternlein würde am Himmelszelt funkeln;
drum seid wie die Engel, macht an euer Licht,
für Menschen im Dunkel, mehr braucht es
nicht.

Lasst diese Welt strahlen, für alle auf Erden,
vielleicht wird es dann einmal Frieden werden;
den brauchen wir alle, ob Klein oder groß,
es leben zu viele Menschen noch heute in Not.

Wenn Engel tanzen am Himmelszelt,
dann senden sie Sterne auf diese Welt.

copyright Syna Ester   5. Juni 2016

115

Gedanken

Wenn Gedanken ihre Kreise ziehen,
kannst du ihnen nicht entfliehen;
sie treiben es oft gar zu bunt
und geistern dir im Kopf herum.

Mal fröhlich und auf leichte Weise,
dreh'n sie für dich, die Welt im Kreise;
dir schwindelt ob der Leichtigkeit
du bist beschwingt, zum Flug bereit.

Doch plötzlich, ohne dich zu mahnen,
da ändern sie halt ihre Bahnen;
sie kreisen hin und kreisen her
und machen dir das Leben schwer.

Gefühle fahren Achterbahn,
du fühlst dich wie in einem Wahn;
wo eben Licht und Heiterkeit,
steht nun die Dunkelheit bereit.

Verschwindet von hier, auf der Stell'.
du willst, dass alles wieder hell;
durch dunkle Gassen musst du gehen,
um wieder neues Licht zu sehen.

Wie schön es ist, mein neues Kleid.....

Ich liebe diese bunten Farben, ein runder
Ausschnitt, vorne kürzer als hinten, es
passt wie angegossen. Es ist ein
Sommerkleid. Ich habe es vor Monaten
gekauft und seitdem hängt es am
Schrank. Für eine besondere
Gelegenheit, oder einfach nur so....
Warum sollte ich mich nicht einmal
schön machen wenn ich einen Kaffee
trinken gehe? So dachte ich, aber bisher
fehlte die Gelegenheit.
...und nun ist es zu kalt für ein
Sommerkleid.
Ich will es nicht in den Schrank hängen,
das hat so etwas Endgültiges; so, als ob
ich es niemals tragen würde. Vielleicht
ist es ja so und auf diesen Winter folgt
kein Frühling, kein Sommer mehr....
Traurig schaue ich auf mein Kleid und
hoffe auf einen neuen Frühling.

Möwen kreischen in der Luft

sie atmen wie ich, des Herbstes Duft
auf Flügeln so leicht, sie fliegen dahin
getragen vom letzten Sommerwind.

Die Jahreszeit, sie steht im Wandel
für Mensch und Tier ein bitterer Handel
wenn Sonne und Mond sich geben die Hand
kommen Stürme und Kälte über das Land.

Doch trotzen werde ich den Gewalten
im kommenden Frühjahr mich neu entfalten
zur vollen Blüte ich dann erwacht
in einer mondhellen Sommernacht.

Der warme Wind, er küsst meine Haut
mein Geliebter, mir so gut vertraut
funkelnde Sterne schauen auf mich nieder
als ob sie sagten, alles kommt wieder.

Die Nacht voller Wunder, so zärtlich zugleich
ich fühle mich glücklich, wie auf Wolken so
leicht......

Die gelben Mimosen

längst sind sie verblüht
Zweige und Äste
so kahl und leer
wie oft saß ich dort
unter dem Mimosen Baum

Der Duft der Mimosen
betörend und süß
ich fühle noch heute
wie dein Mund mich geküsst

Im Sommer war es
zur schönsten Zeit
als die Mimosen blühten
und alles so leicht

Noch einmal tanzen im Sommerwind
Vorbei ist die Zeit
der gelben Mimosen
stürmische Winde
ich höre sie tosen

der Winter naht
und mit ihm die Zeit
der klirrenden Kälte
Schnee macht sich breit

Mich friert
in eisiger Winterzeit

wann wird es wieder Sommer sein

Ein Sommer so warm
und unvergessen
wie damals
als ich bei den Mimosen gesessen
deine Arme um mich
dein Mund der mich küsst

vergessen die Welt
unter dem Mimosen Baum.

Mitternacht

Wenn der Wind die Wipfel der Bäume sanft
biegt,
aus weiter Ferne der Ruf des Käuzchens
erklingt;
dann glaubt mir, ach ihr lieben Leut',
Mitternacht ist nun nicht mehr weit.

Die Turmuhr bereits zu schlagen beginnt,
ich muss mich eilen nun geschwind;
denn heute will ich es endlich wagen,
die Liebste um ihre Hand zu fragen.

Die Sehnsucht nach ihr treibt mich voran,
die Hoffnung im Herzen, ein wenig auch
bang';
die Turmuhr schlägt bereits das zehnte Mal,
ich muss es wissen, hab' keine andere Wahl.

Denk ich an die Liebste in dunkler Nacht,
ihr schönes Lächeln, ihre Hände so sacht;
ein Mund, der meinen Körper mit Küssen
bedeckt,
viel zu lang hab' ich sie vor der Welt versteckt.

Ich wollte noch frei sein, auch andere necken,
die auf die Schnelle meine Sinne erwecken;
viel zu oft hab' ich gespielt mit den Schönen,
meinen Herzschlag höre ich in den Ohren
dröhnen.

Ich stehe vor ihr mit klopfendem Herzen,
verspüre Erregung, der Sehnsucht Schmerzen;
will sie umarmen, mit Küssen bedecken,
die Leidenschaft in ihr zärtlich wecken.

Doch sie weicht zurück und erhebt ihre Hände,
ihre Augen voll Tränen, sie sprechen Bände;
sie sagen mir, ich hab' alles gewusst,
ab heute ist mit uns beiden Schluss.

Ich war ein Narr, bin von nun ab allein,
nichts wird wieder wie einstmals sein.

(c) Syna Ester   3. Juni 2017

Muttertag – Vatertag

Trauer nicht um mich denn ich bin
immer bei dir......

Schaue dich an und du siehst mich
Höre dir selber zu und du hörst mich
Beobachte was du tust und du erkennst
mich
Blicke in dich und du fühlst mich.......

...wir sind Eins für alle Zeiten.

Abschiedsgedanken

Es kommt der Tag, da muss ich gehen,
ich werde dich nie mehr wieder sehen;
vom Himmel, ganz oben, sehe ich herab
und schaue auf dich, was du wohl machst.

Dann bin ich glücklich, dass du nicht bei mir,
du lebst auf Erden, das wünsche ich mir;
schau einmal hinauf zum Himmelszelt,
wenn ich nicht mehr da bin, auf dieser Welt.

Ein Stern strahlt am Himmel nur für dich,
er will dir sagen, ich liebe dich;
meine traurige Liebe für alle Zeiten,
ich nahm sie mit, in endlose Weiten.

Doch lebe dein Leben, sei froh und heiter,
denn das Rad des Lebens dreht sich weiter;
ich beschütze dich von ganz weit oben,
wenn eisige Stürme um dich toben.

...und denke daran, du bist nie allein,
ich werde für immer bei dir sein.

Morgenröte

Morgenröte, Tau der Nacht
ein Vöglein aus dem Schlaf erwacht
es zwitschert früh, ein fröhlich Lied
hat stets im Blick, was so geschieht.

Das Vöglein klein, es fliegt dahin
getragen von des Atem Wind
von ganz hoch oben, den Wolken nah
so fliegt es über Berg und Tal.

Frei wie ein Vogel und doch allein
wo ist sein Nest, wo ist es daheim
weit über das Meer, ein Nest so klein
hier, kleines Vöglein, bist du daheim.

...eines Tages werde ich fliegen

Einsamkeit

Wenn dich die Liebe einsam macht,
 kam sie zu dir und verschwand über Nacht;
wo willst du sie suchen, an welchem Ort,
du wirst sie nicht finden, sie ist einfach fort.

Vorbei ist die Liebe für alle Zeit,
es helfen keine Tränen, die du um sie weinst;
es bleibt dir nur dein liebendes Herz,
und darin verbirgt sich, ein bitterer Schmerz

Warum es geschah, kannst du nicht verstehen,
du wünscht dir, ihn noch einmal zu sehen;
warm und geborgen in seinen Armen zu liegen,
wie gestern, doch nichts davon ist dir geblieben.

Was einmal gegangen, das kommt nie zurück,
der Wind wehte fort, dein beginnendes Glück;
du spürst ihn noch immer, ganz nah bei dir,
jetzt bist du allein, im Heute und Hier.

Oh Wind, bringe zurück mir mein Glück,
vielleicht auch nur, ein ganz kleines Stück;
damit ich lachen kann und nicht weinen,
darum lass uns wieder in Liebe vereinen.

Finsternis

Ich suche die Tür aus der Finsternis,
ich weiß sie ist da, doch ich finde sie nicht;
wohin ich auch gehe, ist weit und breit,
nur meine Trauer und Einsamkeit.

Verloren habe ich, bevor ich gefunden,
es war ein Glück, für wenige Stunden;
es sollte nicht sein, Gott weiß warum,
mein Herz schreit nach dir,
doch mein Mund bleibt stumm.

Ein Herz voller Liebe, du wolltest es nicht,
siehst nicht die Tränen auf meinem Gesicht;
du warst mir so nah und bist gegangen,
mein Herz ist bei dir, du nahmst es gefangen.

Ich suche das Licht aus der Finsternis,
ich weiß es ist da, doch finde ich es nicht;
ich bitte dich, bring mir es zurück
und gib mir wieder, mein verlorenes Glück.

November Rosen

sie wollen kosen
wollen dir schmeicheln
dein Herz erreichen

Auch sie haben Dornen,
drum gib gut acht',
pflücke sie niemals heimlich
in dunkler, finsterer Nacht.

Denn willst du die Rose,
so lieblich und fein,
geh' zu ihr am Tage
und bringe sie heim.

*O*livenbäume

Wie oft habe ich sie als Kind schon gesehen
Olivenbäume, am Wegesrand stehen
uralte Bäume aus ewiger Zeit
wo sind sie geblieben, sie sind so weit

Als Kind damals, an Großvaters Hand
wir gingen gemeinsam über das Land
im Schatten der Bäume ruhten wir aus
blickten von Ferne auf unser Haus

Die Zeit ist vorbei, ich bin allein....

Nur einmal noch möchte ich sie wieder
sehen
die uralten Bäume, die am Wegesrand stehen

Im nächsten Jahr, wenn der Frühling erwacht
die Sonne hoch oben vom Himmel lacht
dann nimm meine Hand und bringe mich
heim
und teile mein Glück im alten Olivenhain.

Poesie

Wenn Poesie sich zum Himmel erhebt
wie ein Blatt so leicht durch die Lüfte
schwebt
vom Wind getragen, über Berg und Tal
süße Worte voller Lust und auch Qual
sie betören die Sinne, egal wo du bist
schmerzlich spürst du, was du vermisst

Die Poesie, deinem Herzen so nah'
sie spricht zu dir von dem,

was einmal war
von Freude und Leid, von Liebesqual

Vom kommen und gehen
nichts bleibt bestehen!

Deine Stimme

dein Atem
wo sind sie hin
Sehnsucht
Tag und Nacht
mich verzehrt
der Zauber
vergangener Tage
vorbei, vorbei
Gefühle zerreißen
mich innerlich
schmerzliches Sehnen
ohne dich
sag' mir
wo bist du
ich rufe dich
hörst du den Schrei

keine Antwort
nur Schmerzen
zerfressen mich
bei Tag und bei Nacht
unendliche Qualen,
der Liebe Macht

Meine Seele

schon lang flog sie fort
an einen unbekannten,
schönen Ort
wo Blumen blühen
Vögel singen
Kinderlachen
und Musik erklingen

sie kam nicht zurück
ist dort geblieben
und ruht sich aus
im fernen, unbekannten Haus

Meine Seele
sie hat die Liebe gefunden

darum flog sie fort
an diesen unbekannten Ort

@ Syna Ester   9. April 2017

Die Zeit heilt alle Wunden..........

so sagt der Volksmund, aber dem ist nicht so.

Jede Wunde hinterlässt eine Narbe, die nur darauf wartet, wieder aufzubrechen.
Jede Narbe ist ein Meilenstein für unsere Seele, für unser empfinden, denken, handeln und tun.

Unsere Narben formen uns zu dem was wir sind.
Wir müssen damit leben, ob wir wollen oder nicht; wir haben keine andere Wahl.

Es gibt Zeiten, in denen sich unsere Narben ruhig verhalten; wir spüren sie nicht.
Eine Zeit der Leichtigkeit und der Freude; manchmal auch eine Zeit der Liebe, eine Zeit der Lust.

Aber von einem Augenblick zum anderen kann sich das Blatt wenden.

Es geschieht etwas, das alle Narben auf
einmal zum platzen bringt.

Das sogenannte i-Tüpfelchen !

Übermenschlicher Schmerz erfasst uns und
wir hadern mit unserem Schicksal und mit
uns selbst.
Trauer und Verzweiflung, Ohnmacht gegen
das Geschehen und die Frage nach dem
WARUM bringen uns an den Rand des
Wahnsinns.

Die Zeit heilt alle Wunden....
Eine Lüge......

Die Narben der Wunden sind für immer in
uns und sie entscheiden, ob der Himmel dir
nah ist oder ob sich für dich das Höllentor
öffnet.

Das Schicksal mischt die Karten, du bist nur
der Spieler!

Spiegelbild

Du kannst gewinnen
oder verlieren
im Spiel des Lebens
an Kälte erfrieren
oder erblühen
im Licht der Sonne
war es ein Jahr voller Wonne
am Ende des Jahres
zeigt sich, was wahr
Väterchen Frost
zeigt alles so klar
wer war dein Meister
sieh dich an
der Spiegel zeigt dir
wer gewann.

Oh, Wanderer....

Oh, Wanderer zwischen den Welten
siehst du nicht der gelben Pracht
der Herbst ist über Nacht gekommen
und hat den Zauber mitgebracht

Oh, Wanderer zwischen den Welten
schau an der gelben Farbe Pracht
es ist die Sonne die dir lacht
in kleinen Früchten eingefangen
auf Wegen, die du bist gegangen

Oh, Wanderer zwischen den Welten
wisch deine Tränen fort
die Schönheit ist für dich bestimmt
das Schicksal seinen Lauf nun nimmt

Oh, Wanderer komm endlich heim.......

Alles ist vergänglich

Wenn rot das Laub vom Baume fällt
und schmückt gar herrlich diese Welt;
dann ist des Herbstes schönste Zeit,
die Welt erscheint im bunten Kleid.

Doch diese Pracht wird schnell vergehen,
gar bald, die rauen Winde wehen;
die Kälte kommt mit arger Macht,
die Sonne hat nur wenig Kraft.

Du wünscht es wäre wieder warm
und hältst den Liebsten fest im Arm;
doch grausam kann der Winter sein,
im Frühjahr bist du ganz allein.

Frost und Kälte, wie tückisch sie sind,
dazu vom Norden der eisige Wind;
sie nahmen dir, was du einst geliebt,
nur Trauer in deinem Herz noch blieb.

Das Frühjahr kommt, die Sonne scheint,
du siehst es nicht, du bist allein.

Teufelsspiel

Wild ist die Nacht

die alles entfacht
schmerzende Herzen
das Licht vieler Kerzen
es funkelt und lacht
so dunkel die Nacht
Erlebte ich Qualen
die alles mir nahmen
ich rufe vergebens
nach dem Sinn meines Lebens
vorbei, vorbei für immer
der kalte Boden, er hört mein wimmern.
Wo ist die Hand
die mich hebt empor
mir ist, als hört ich der Engel Chor
ein hässliches Lachen
wer schreit mich an
ich kann nichts sehen
wohin soll ich gehen

Wild ist die Nacht
das Werk ist vollbracht
der Teufel, er spielte einst Schach mit mir
doch nur, weil er wusste, dass ich verlier.

143

Wild ist der Wein

den ich hab' gepflückt
Trunkenheit
für einen Augenblick
mit den Göttern
an einem Tisch
wollte nicht sehen
lies alles geschehen
von Donnergrollen
unsanft geweckt
Blitze spucken
in mein Gesicht
geht fort
Ungeheuer
der Fantasie
gebt mir den Wein
lasst mich allein
ich will feiern
glücklich sein
ein höhnisches Lachen
vorbei ist vorbei

das Lachen wird lauter
ich liege am Boden
höre, wie sie kreischen
und johlen
ihr Spott
für mich eine Qual
ich muss ihn ertragen
mir bleibt keine Wahl
Wild war der Wein
den ich hab' gepflückt
er gab mir alles
doch nur
für einen Augenblick.

Das Band der Liebe

Ein unsichtbares Band, das niemand trennt,
aus dem Gefühl, das man Liebe nennt;
ein kleiner Faden, gesponnen aus Glück,
von Tag zu Tag länger, ein ganz kleines Stück.

Unsichtbar, für die Welt um uns zwei,
zerreißt er nicht, wenn auch einmal Leid;
durch jede Prüfung gewinnt er an Stärke,
was ich tief drinnen im Herzen merke.

So soll es bleiben für alle Zeit,
bis in die Ewigkeit, die nicht mehr weit;
ein Band der Liebe, Gleichklang der Herzen,
lässt uns vergessen die irdischen Schmerzen.

In deinen Armen fühle ich mich gut,
für jeden Tag gibst du mir neuen Mut;
in deinen Augen sehe ich das Band,
das uns verbindet, ein Leben lang.

Herbst

Der Herbst mit seinen bunten Farben,
beschert noch manchen lauen Abend;
doch sind die Tage auch mal grau
und um das Gemüt ist dir ganz flau;
dann zieh dir an dein buntes Kleid,
gerade passend zu der Herbstzeit;
wie zum Tanz dreh' dich im Kreise,
die Blätter tun es auf ihre Weise;
du fühlst danach dich dann sogleich,
wie ein buntes Blatt so leicht;
die Farben tun der Seele gut,
im Tanz, da schöpfst du neuen Mut;
mit der Natur im Einklang sein,
lass Frieden in dein Herz hinein.

Die Musik ist verstummt....

Die Musik ist verstummt, vorbei ist der Tanz,
der Herbst zeigt sich im bunten Gewand;
ein letzter Akkord im Gedächtnis mir blieb,
wollt' er mir sagen…ich hab' dich lieb?

Was mir der Winter, einst hat gebracht,
im Sommer wurde zur Blütenpracht;
das nimmt mir der Herbst mit Leichtigkeit,
der Winter bedeckt es mit Schnee und Eis.

Die Musik ist verstummt, vorbei ist der Tanz.....

Des Himmels Gewalten

am Tag erwacht
schwarz ringsherum, wie die dunkelste
Nacht;
Donner und Blitze gepeitscht vom Regen,
finstere Schatten auf nassen Wegen;
sie kreisen mich ein und greifen nach mir,
ich fühle mich gefangen wie ein waidwundes
Tier;
meine Schreie verhallen im Sturm der
Gewalten,
um mich herum nur finstere Gestalten;
ich möchte entfliehen, meine Kraft ist am
Ende,
wo sind sie geblieben, die rettenden Hände?
Ich lasse mich treiben, wohin auch immer,
den himmlischen Mächten entkomme ich
nimmer;
die Dunkelheit hüllt ihren Mantel um mich,
es ist gut so....ich träume vom Licht!

Das letzte Kapitel

Ein großer Tisch sollte es sein an dem
die ganze Familie sitzen konnte. Familie,
das waren Vater, Mutter und vier Kinder.
Die dampfende Pasta stand auf dem
Tisch und alle unterhielten sich
miteinander. Sie lachten und scherzten,
bekleckerten sich mit der Tomatensauce
und draußen lachte die Sonne, das Meer
rauschte unaufhörlich.
So sollte es sein...davon träumte sie, als
sie noch jung und schön war.
Heute hatte der Herbst Einzug gehalten.
Keiner der Wünsche und Träume wurde
jemals wahr. Die Schönheit war verblüht
und einen Mann an ihrer Seite gab es
nie; nur kurzfristig, sonst wären ja ihre
zwei Kinder nicht geboren worden.
Ja, diese beiden Kinder wurden zu ihrem
Lebensinhalt. Einen Mann an ihrer Seite
gab es nicht mehr. Die Zeiten wurden

sehr hart und viele Male haderte sie mit ihrem Schicksal. Aber, da waren die Kinder und so musste es immer weiter gehen.

Langsam ließ sie sich auf dem Stuhl am Küchentisch nieder. Das Herz war ihr schwer und sie kämpfte mit den Tränen. Wie klein er ist, der Tisch......

Draußen schien die Sonne, aber immer mehr vergrub sie sich in ihren vier Wänden. Die warmen Strahlen der Sonne erreichten ihr Inneres nicht mehr. Kälte hatte sich dort breit gemacht und machte ihr jeden Tag auf's Neue klar, dass es für sie kein Glück mehr gibt. Das sie zur Einsamkeit verdammt ist.

Die Tränen rannen ihr über die Wangen, aber sie bemerkte sie nicht. Ihre Hand zitterte, als sie nach der Tasse Kaffee griff, die vor ihr stand.

Vielleicht wäre alles anders gekommen, wenn sie sich in bestimmten Situationen anders entschieden hätte....aber niemand kann aus seiner Haut heraus und so tat sie, was ihr das Herz sagte. Ihr Herz war bei ihren Kindern und der Großmutter, als diese noch lebte.

Der Großvater kam ihr in den Sinn. Als sie noch ein Schulkind war, holte er sie jeden Tag von der Schule ab. Aber, wie Kinder nun mal so sind. Manchmal versteckte sie sich hinter den anderen Kindern, weil sie auch alleine nach Hause gehen wollte. Zu Hause angekommen, fragte die Großmutter...hast du Opa nicht gesehen? Ich log und sagte -nein-. Das Bild des Großvaters erschien vor ihrem Auge. Ein schöner Mann, vom Wetter gegerbte Haut und mit seinen, damals fast 80 Jahren, sah er toll aus. Er hatte einen Kaiser-Wilhelm-Bart, den ich immer stutzen musste und trug einen

Anzug mit Weste an der eine Taschenuhr
befestigt war.

Viele Male hatte sie sich gewünscht, der
Großvater holt sie von der Arbeit ab, so
wie früher, als sie noch ein Kind war.
Aber niemand wartete auf sie, als die
Kinder aus dem Haus waren.

So vergingen die Jahre und schreiben
nun das letzte Kapitel...... Einsamkeit !

Abschied

Du schaust mich an, erkennst mich
nicht,
doch ich, ich vergaß niemals dein
Gesicht;
Silberfäden in deinen Haaren,
erzählen Geschichten von vergangenen
Jahren.

Wo sind sie geblieben die alten Zeiten,
verschwunden für immer in ewigen
Weiten;
nur einmal noch wollte ich dich sehen,
danach werde ich mit den Wolken
ziehen.

In deinen Augen, erloschen der Glanz,
tanze mit mir diesen letzten Tanz;
du schaust mich an, erkennst mich nicht,
wie bitter der Abschied...wenn man liebt.

@ Syna Ester   9. April 2017

Der alte Mann......

Einsam und verlassen saß er auf der Bank, der alte Mann.

Ich beobachtete ihn schon eine ganze Weile von meinem Fenster aus. Heute ist Heilig Abend und die meisten Menschen sind um diese Zeit in ihren Wohnungen um das Fest zu feiern.

Es hatte angefangen zu schneien, aber der alte Mann blieb regungslos auf der Bank sitzen. Er musste doch frieren. Schneeflocken tanzten um ihn herum und ließen sich auf seinem Haupt nieder.

Soll ich zu ihm gehen?

Ich zögerte und dachte bei mir: sicherlich kommt ihn bald jemand holen.....oder?

Zögerlich ging ich in die Küche um mir mein Abendbrot zu machen. Auch ich war allein an diesem Abend, aber immerhin in einer warmen Stube. Ich nahm mein Brot und ging wieder zum Fenster. Noch immer saß er regungslos dort und das Schneetreiben wurde immer dichter......

Länger konnte ich es mir nicht mehr mit ansehen. Ich zog mir Schuhe und Mantel an und ging zu ihm. Leise sprach ich ihn an....

Der alte Mann blickte zu mir hoch und sagte mit einer sanften Stimme: setze dich zu mir, du sollst meine Geschichte als letzte von mir hören.
Ich ließ mich neben ihm nieder. Er nahm meine Hand und hielt sie fest umschlungen.

Kannst du sie hören, fragte er mich? Sie kommen immer näher. Ich kenne das Gebrumm der ankommenden Panzer. Bald sind sie hier und werden uns überrollen. Es gab keinen Befehl zum Rückzug. Wir lagen in den Schützengräben, bereit zum sterben.

In der letzten Feldpost hatte mir meine Frau geschrieben, dass unser Jüngster bereits laufen kann; ich hatte ihn noch nie gesehen.

Tränen liefen über sein faltiges Gesicht und ich wagte nicht, mich zu rühren.

Wie aus einem Traum erwacht, sah er mich an und sagte: das alles liegt lange zurück. Wir erhielten den Befehl zum Rückzug im letzten Moment. Für mich ein Glück, ich überlebte, aber viele traten den Rückzug nicht mit an und blieben in eisiger Erde liegen. Wir konnten sie nicht mitnehmen.

Es sollte noch Monate dauern, bis ich die Heimreise antreten konnte. Ich freute mich, endlich daheim zu sein, aber meine Freude währte nur kurz. Mein kleiner Sohn wollte nichts von mir wissen; er kannte mich ja auch nicht und meine Frau und die beiden größeren Töchter hatten sich mir entfremdet.

Jeder ging seiner Wege.....

Ich bin allein geblieben, sagte er, denn die Kriegsjahre haben mich zu einem anderen Menschen gemacht; ich suchte die Stille um wenigstens für Momente das Kriegstreiben aus den Ohren und aus dem Kopf zu bekommen.

Aber es war allgegenwärtig…..es hatte mich im Griff. Ich konnte es in meiner Wohnung nicht länger aushalten und habe mich deshalb auf diese Bank gesetzt.

Vielleicht war es eine Vorahnung, die mir sagte, dass du kommst und ich nicht alleine diese Welt verlassen werde.

Meine Tränen flossen unaufhaltsam und ich nahm den alten Mann in meine Arme. Sein Kopf lag an meiner Schulter und mühsam sagte er zu mir…

Vielleicht habe ich alles nur überlebt um in deinen Armen zu sterben; er blickte mich noch einmal an und schloss dann die Augen.

Wie lange wir so saßen, ich weiß es nicht. Erst, als eine Hand mich an der Schulter berührte kam ich aus meinen Gedanken.

Er ist gestorben, sie können nichts mehr für ihn tun sagte eine Stimme.

Heilig Abend vor vielen Jahren.

Mein Gedicht

eine
Widmung
für
einen
lieben
Freund
in
der
Ferne

Das Lied

Die Tür verschlossen, niemand tritt ein,
du sitzt am Tisch bei einem Glas Wein;
er funkelt so rot und bringt dir die Wonnen,
die nüchtern betrachtet, schon lange verronnen.

Du denkst nicht daran, was einmal war,
vergessen willst du, was damals geschah;
der Wein macht dir Hoffnung und neuen Mut,
du fängst an zu träumen voll' innerer Glut.

Tanze mein Freund, dreh' dich im Kreise
und singe dazu diese uralte Weise;
von Frauen und Männern, die glücklich einst waren,
bevor sie vertrieben von Heeresscharen.

Du spürst nicht die Tränen auf deinen Wangen,
zu stark ist die Sehnsucht, ist dein Verlangen;
nach Liebe und Glück, nach Geborgenheit,
doch...... das Haus deiner Väter ist meilenweit.

Du sitzt am Tisch und bist nun allein,
niemand klopft an, niemand tritt ein;
öffne dein Herz, die Tür mach weit,
dann bist auch du wieder für Neues bereit.

@ Syna Ester

 15. August 2014

Das alte Mütterchen

Einsam saß das alte Mütterchen am Fenster und blickte hinaus. Viel war heute nicht zu sehen, denn der Herbst hielt Einzug und mit ihm begannen die Tage grau zu werden. Das Laub der Bäume fing an sich zu verfärben und brachte etwas Farbe in den Tag.

So saß sie da und fing an über ihr Leben nachzudenken. Immer tiefer drangen ihre Gedanken in die Vergangenheit. Trübsal machte sich in ihrem Herzen breit, denn eine glückliche Kindheit blieb ihr verwehrt....es kam der Krieg. Bombenhagel, Bunkergänge, Angst und Schrecken jeden Tag.

Erinnerungen, die nie wieder auszulöschen waren und sie das ganze Leben begleitet haben.

Hunger war an der Tagesordnung und dennoch hatte ihre Familie alles getan, um ihr zu geben was sie konnte. Noch heute, wenn Probealarm ist, kommen alle diese Bilder in ihr hoch und bringen ihr altes Herz zum rasen.

Dennoch hatte sie mehr, als andere Kinder in ihrem Alter hatten. Sie hatte Großeltern, Tante und Onkel, die ihr ihre ganze Liebe gaben; besonders die Großmutter.

Ihre Mutter hatte die Kriegswirren nicht verkraftet und war von der Zeit an krank.

Tränen rannen über ihr faltiges Gesicht und fielen auf ihr blaues Kleid. Ihre alten Hände umklammerten das schneeweiße Taschentuch als suchten sie dort Kraft zu finden für ihre letzten Tage.

Ja, das Ende war absehbar und sie fürchtete sich nicht. War sie doch eines nahen Tages wieder mit ihren Lieben vereint und musste nicht mehr einsam sein.

Es hatte zu regnen angefangen und der Wind peitschte die Tropfen gegen das Fenster. Ihr war, als hätte es an der Tür geklingelt und sie erhob sich mühsam von ihrem Stuhl. Doch, ihre Wünsche hatten ihr einen Streich gespielt, denn als sie die Tür öffnete, stand niemand dort. Sie haben zu tun,dachte sie bei sich und keine Zeit mich zu besuchen. Es ist eine kalte Zeit geworden; nicht nur, weil der Herbst jetzt gekommen ist.

Früher war das anders. Man saß beieinander und redete über alles. Man begegnete sich mit Respekt und

Achtung, aber vor allem mit Liebe;einer
Liebe die durch nichts zu ersetzen war.

Das alte Mütterchen ging gebeugt zu
ihrem Platz am Fenster und ließ sich
traurig auf ihrem Stuhl nieder.

Der Herbst des Lebens erscheint nicht
für jeden in den bunten Farben die wir
aus der Natur kennen; aber jeder
Einzelne von uns kann dazu beitragen,
das zu ändern und etwas Farbe in das
Leben des alten Mütterchen bringen...
und des alten Väterchen.

Wer auch immer dieses Büchlein liest
und Freude an meiner Poesie und
meinen Gedanken hat....

Ich wünsche Dir
einen bunten Herbst